Die Welt entdecken

Flugzeuge und andere Fluggeräte

Warum Flugzeuge fliegen können

An ein startendes Flugzeug

Da stehst du in nächster Nähe
vor mir, stumm, starr, dumm und grau.
Torkle davon, du listige Krähe,
töff-töff und surr und dann auf in das Blau.
Weiß ich doch, dass du ganz genau weißt,
was du zu tun hast, damit du fliegst.

Wenn du so leicht in den Lüften kreist,
ein wenig wippst und ein wenig dich wiegst,
fehlt nur noch, dass du trillerst und singst
wie ein Vogel im erdfernen Glück.
Ach dann scheint uns: Am liebsten gingst
du gar nicht wieder zum Boden zurück.

Um Gottes willen, entrinn nicht
der Erde, die doch menschlich dich schuf.
Überstürz dich auch nicht und besinn dich
auf unser Vertrauen und deinen Beruf.

Joachim Ringelnatz

Die Welt entdecken

Flugzeuge und andere Fluggeräte

Ravensburger Buchverlag

Der Flughafen

Auf sehr großen Flughäfen starten und landen täglich zwischen 1000 und 2000 Flugzeuge. Einer der wichtigsten Bereiche eines Flughafens ist der Kontrollturm. Man nennt ihn Tower. Die Fluglotsen lenken von dort aus die an- und abfliegenden Maschinen.

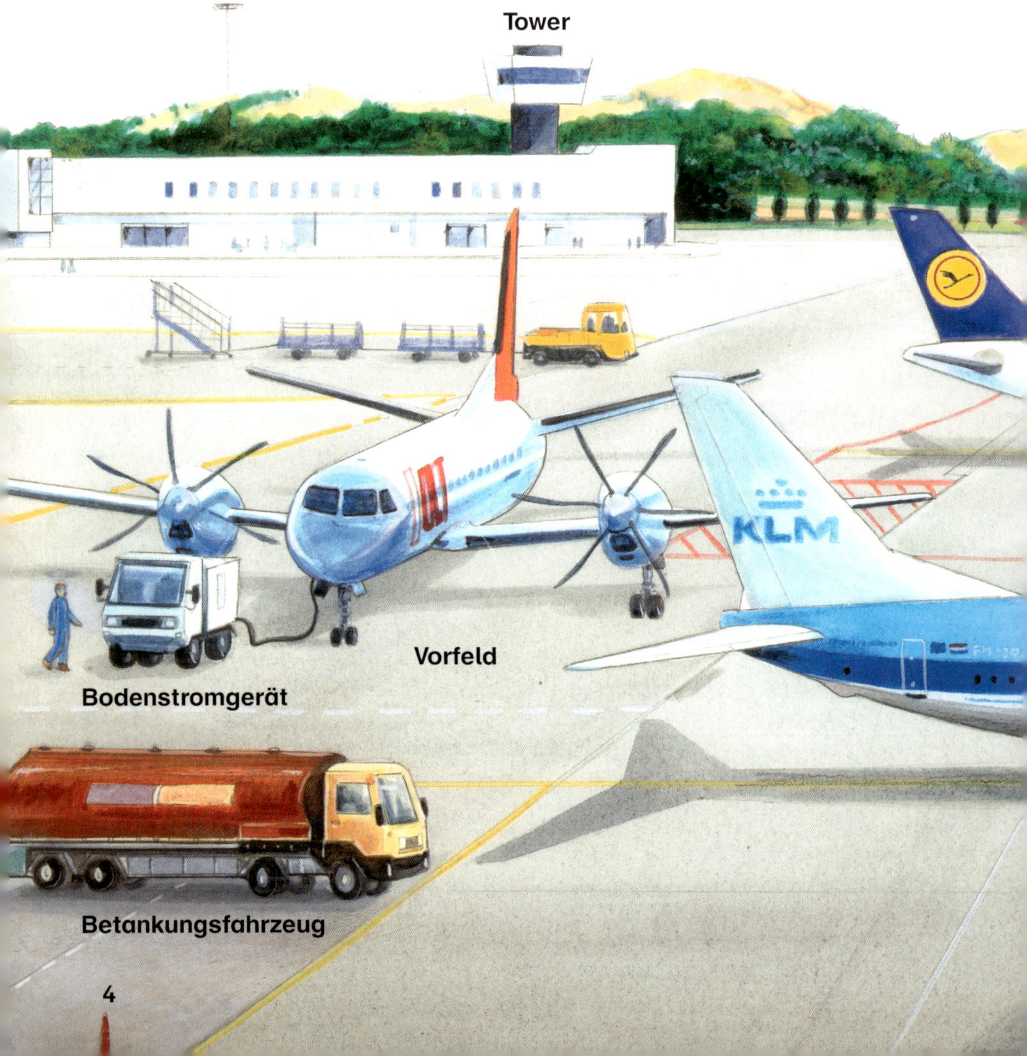

Flughafenfeuerwehr

Jeder Flughafen hat eine eigene Feuerwehr. Sie bekämpft Brände an Flugzeugen und Gebäuden. Wegen des Treibstoffs in den Flugzeugen herrscht Explosionsgefahr. Deshalb muss die Feuerwehr schnell am Brandort sein.

Die Rollbahnen sind mit Linien und Leuchten markiert. Sie zeigen dem Piloten an, wo er das Flugzeug auf dem Vorfeld in Parkposition bringen darf.

Vor dem Abflug

Vor dem nächsten Start wird ein Flugzeug überprüft und gereinigt. Mit dem Toilettenwagen werden die Flugzeugtoiletten leer gesaugt. Versorgungsfahrzeuge bringen Essen und Trinken. Die Frischwassertanks werden befüllt. Mechaniker überprüfen das gesamte Fahrwerk. Ein Betankungsfahrzeug pumpt Treibstoff ins Flugzeug. Fracht- und Gepäckstücke werden über Fließbänder eingeladen.

Winterdienst

Flugzeuge müssen auch bei Schnee und Eis starten und landen können. Mit einer Enteisermaschine werden Wasser und Enteisungsmittel auf die Flugzeuge gesprüht. Schneepflüge schieben und kehren den Schnee von den Verkehrsflächen. Bei Glatteis wird Sand auf die Landebahn gestreut. Sie wird mit Enteisungsmitteln aufgetaut.

1 Tower
2 Fluggastbrücke
3 Betankungsfahrzeug
4 Versorgungsfahrzeug
5 Frischwasserwagen
6 Förderband für Gepäckstücke
7 Flugzeugschlepper
8 Bodenstromversorgungsfahrzeug
9 Fahrtreppe

1
9
6
Lufthansa
2
3
4
ICS
5
7
8

Flugticket

In der Abflughalle

Auf einem Flughafen gibt es mehrere Terminals. Das sind Hallen, in den Fluggäste ankommen oder auf ihren Abflug warten.
In der Abflughalle befinden sich die Schalter der Fluggesellschaften. Dort geben die Passagiere

Bordkarte

ihre Flugtickets (die Flugscheine) und ihr Gepäck ab.
Sie erhalten eine Bordkarte (Platzkarte) mit ihrer Sitzplatznummer im Flugzeug. Jedes Gepäckstück wird gewogen. Es wird ein Papierstreifen daran befestigt, auf dem

Das Gepäck wird aufgegeben. Jeder Fluggast darf 20 Kilogramm Gepäck und ein Handgepäckstück mitnehmen.

verschlüsselt der Name des Passagiers und sein Flugziel stehen.
Das Gepäck wird aus Sicherheitsgründen durchleuchtet. Dann wird es mit dem Förderwagen zum Flugzeug gebracht und verladen.

Personenkontrolle

Sicherheitskontrollen

In der Wartehalle warten die Fluggäste auf den Abflug. Bevor sie den Wartebereich betreten dürfen, werden sie nach Waffen untersucht.
Jeder Passagier wird mit einem Gerät abgetastet, das Metall erkennen kann. Dieses Gerät piepst, sobald es auf Metall stößt.
Das Handgepäck wird von einem Röntgengerät durchleuchtet. Waffen und Messer sind verboten. Sogar Nagelscheren dürfen nicht ins Handgepäck.

Auf dem Computerbildschirm sind die Gegenstände im Gepäck zu sehen.

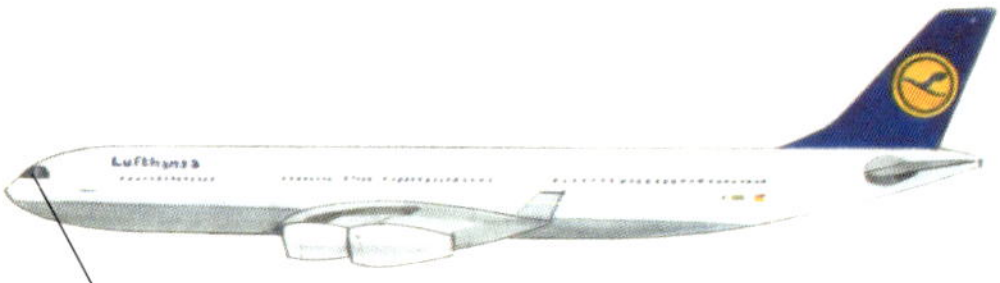

Ganz vorn im Flugzeug befindet sich das Cockpit.

Das Cockpit

Im Cockpit steuern der Flugkapitän und sein Kopilot das Flugzeug. Bis zu 1000 verschiedene Fluginstrumente und Kontrollleuchten gibt es dort. Mit ihnen wird das Flugzeug überwacht und der Flug durchgeführt. Wichtige Instrumente sind der Kompass zur Orientierung, der Höhenmesser zur Bestimmung der Flughöhe und die Geräte zur Überwachung der Triebwerke.

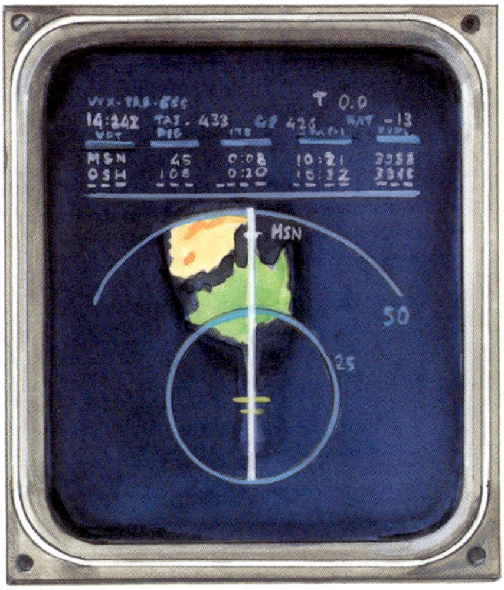

Der Navigationsbildschirm zeigt den Steuerkurs des Flugzeugs an, seine Höhe, Geschwindigkeit, den Treibstoffverbrauch und die Richtung und Entfernung des nächsten Flugpunkts.

Beim Fliegen ohne Sicht hilft der künstliche Horizont bei der Orientierung. Mit ihm wird die Lage des Flugzeugs im Vergleich zum Horizont angegeben. So wird eine Schräglage vermieden.

In einem Flugzeug

Voll beladen wiegt die Boeing 747-400 beinahe 400 Tonnen und kann bis zu 496 Passagiere befördern. Das Langstreckenflugzeug fliegt mit einer Tankladung bis zu 13 000 Kilometer weit.
Die Boeing 747-400 hat ein Oberdeck, auf der die Fluggäste der ersten Klasse sitzen. Auf dem Mitteldeck gibt es über 400 weitere Sitzplätze. In den Bordküchen werden die vorbereiteten Menüs aufgewärmt. Kaffee und Tee werden dort zubereitet.

Die Boeing 747-400 erreicht eine Reiseflughöhe von 12 500 Metern und eine Geschwindigkeit von 920 Kilometern pro Stunde.

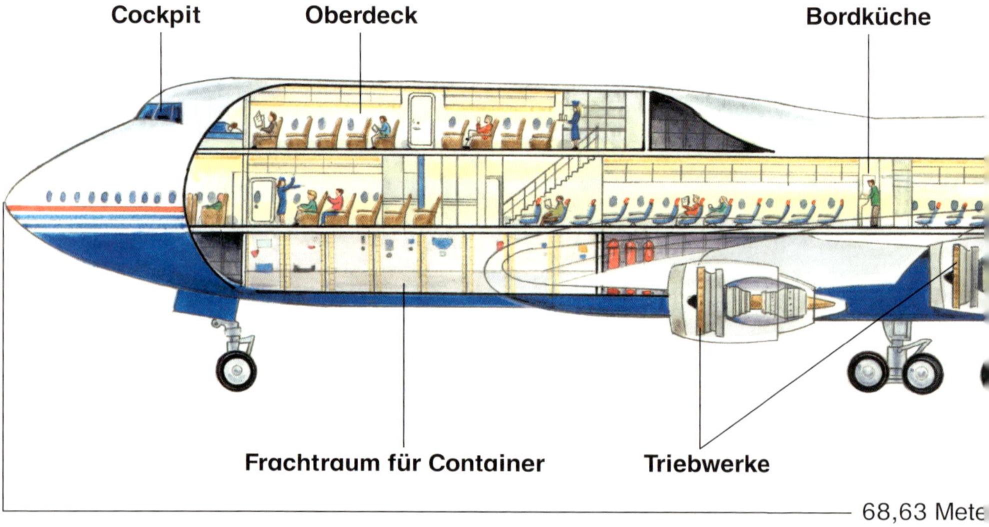

Der Airbus A 380 wird mit 555 Sitzen das größte Passagierflugzeug sein. Das Großraumflugzeug ist 73 Meter lang und 24,1 Meter hoch.

Im hinteren Teil des Flugzeugs ist eine Mannschaftskabine, in der sich das Bordpersonal ausruhen kann. Das sind die Stewardessen und Stewards. Sie versorgen die Fluggäste.
Im Unterdeck befinden sich die Frachträume, die Bordelektronik, der Gepäckraum, ein Raum für Tiere und die Wassertanks.

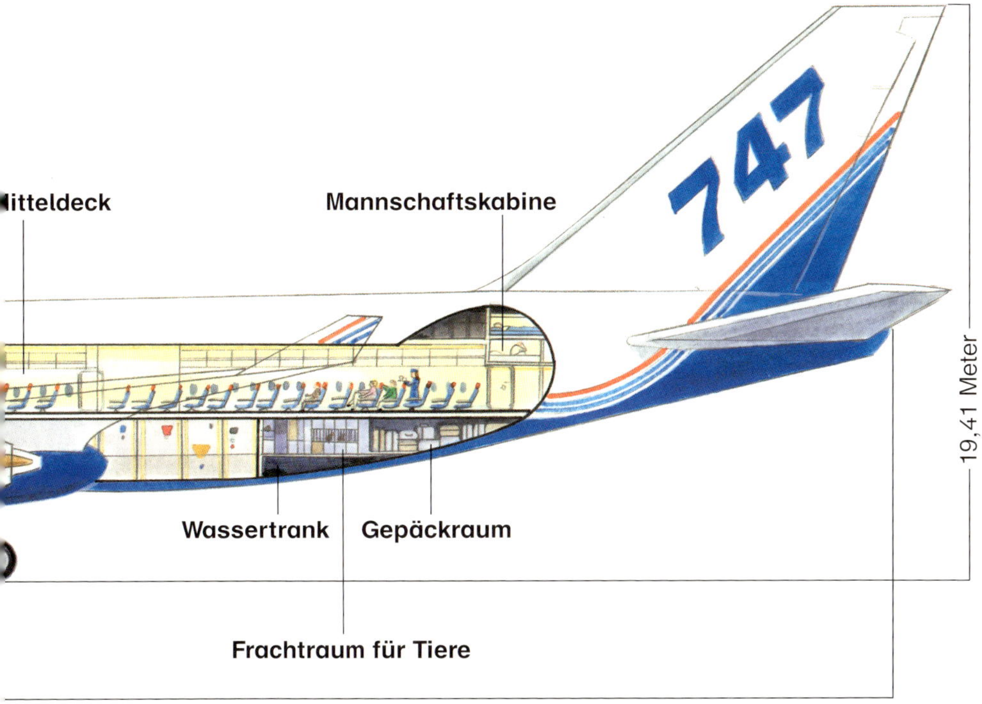

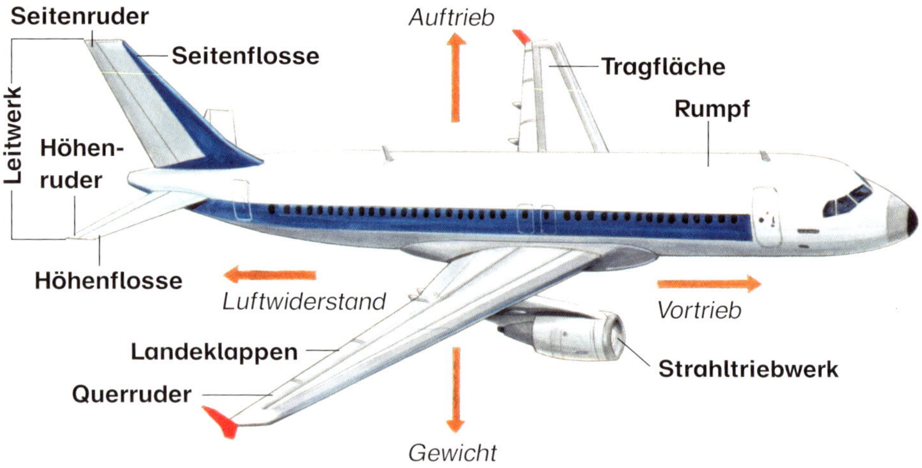

Warum fliegt ein Flugzeug?

In der Luft wirken vier Kräfte auf das Flugzeug ein: Vortrieb und Luftwiderstand, Auftrieb und Gewicht. Die Kraft, die die Maschine in die Luft hebt, ist der Auftrieb. Der Auftrieb ist größer als das Gewicht des Flugzeugs. Strahltriebwerke treiben das Flugzeug an (Vortrieb). In der Luft entsteht der Luftwiderstand. Damit das Flugzeug trotzdem vorwärts kommt, muss der Vortrieb größer sein als der Luftwiderstand.

Auftrieb: Das ist die Kraft, die einen Gegenstand nach oben drückt.

Gewicht: Jeder Gegenstand hat ein bestimmtes Gewicht.

Vortrieb: Das ist die Kraft, die einen Gegenstand nach vorn bewegt. Man nennt sie auch Schub.

Luftwiderstand: Luft bremst Dinge, die sich vorwärts bewegen. Du kannst es ausprobieren, wenn du bei Sturm gegen den Wind läufst.

Durch den Lufteinlass strömt Luft in die Triebwerke ein (1). In der Mitte wird Benzin verbrannt. Die Luft erhitzt sich stark und dehnt sich aus (2). Die heißen Abgase treten aus und erzeugen dabei einen Schub nach vorn (3).

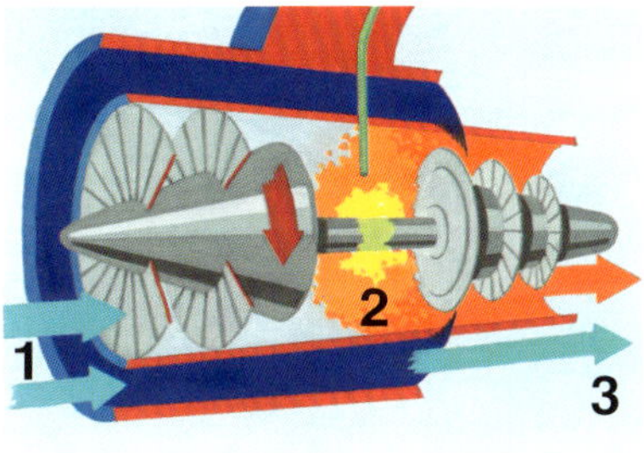

Stahltriebwerk

So wird ein Flugzeug gesteuert

An den Tragflächen und am Leitwerk befinden sich die beweglichen Ruder und die Luftklappen. Wenn der Pilot die Richtung ändern will, bewegt er die Ruder. Das Flugzeug legt sich schräg, fliegt eine Kurve, sinkt oder steigt. Die Landeklappen werden beim Start und bei der Landung ausgefahren.

Im Flug strömt die Luft schneller über die Oberseite der Tragflächen als über ihre Unterseite. Unter dem Flügel bildet sich ein Druck, der das Flugzeug aufsteigen lässt (Auftrieb). Auf der Oberseite entsteht ein Sog, der das Flugzeug nach oben saugt.

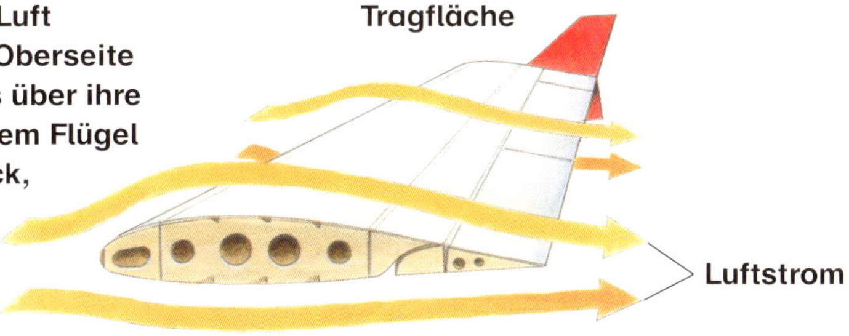

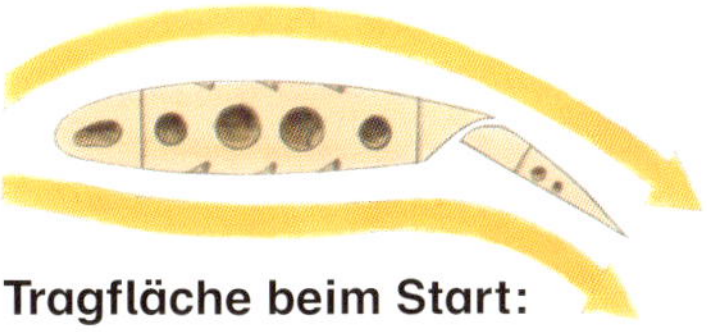

Tragfläche beim Start: Das Querruder ist nach unten geklappt.

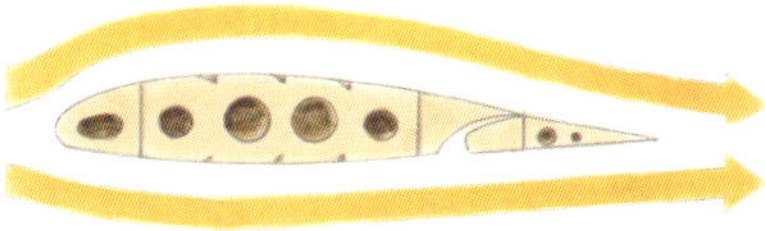

Tragfläche während des Flugs: Das Querruder und die Landeklappen liegen flach am Flügel an.

1 Doppeldecker
2 Zeppelin NT
3 Heißluftballon

Beim Flugtag

Bei Flugtagen kann man seltene Fluggeräte sehen und darin mitfliegen.

Den ersten erfolgreichen Flugversuch unternahm der deutsche Ingenieur Otto Lilienthal im Jahr 1891 mit einem Hängegleiter.

Doppeldecker

Die ersten Flugzeuge waren Doppeldecker mit zwei übereinander liegenden Tragflächen. Ihre Motoren waren noch nicht sehr leistungsfähig.

Luftschiffe

Luftschiffe sind lenkbare Luftfahrzeuge, die mit Gas gefüllt sind. Sie werden „Zeppeline" genannt. Die Kabine für die zwölf Passagiere ist unter dem Luftschiffkörper angebracht.

Heißluftballon

Ballons fahren mit dem Wind. An einem Ballon aus stabilem Kunststoff hängt der Passagierkorb. Vor dem Start wird die Luft im Ballon so lange mit einem Brenner erhitzt, bis sich der Ballon aufrichtet und aufsteigt. Wenn der Ballon sinken soll, lässt der Fahrer die Luft abkühlen.

Sonderflugzeuge

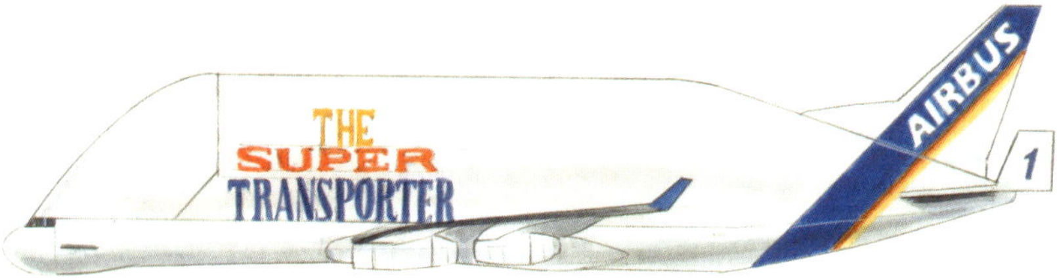

Die „A300-600 ST Beluga“ kann bis zu 48 Tonnen Fracht aufnehmen. Voll beladen erreicht sie eine Höchstgeschwindigkeit von 780 Kilometern pro Stunde. Die Maschine ersetzte die „Super-Guppy“ als Luftfrachter.

Die Bauteile für den Airbus werden an unterschiedlichen Orten in Europa hergestellt. Die Tragflächen, Leitwerke und der Flugzeugrumpf werden nach Deutschland oder Frankreich geflogen. In großen Hallen werden sie dann zusammengebaut.

„Beluga“ bedeutet Weißwal. Das Flugzeug öffnet sein Frachttor nämlich wie ein Wal sein Maul. So können innerhalb kürzester Zeit die sperrigsten Güter verladen werden. Hier wird ein Flugzeugrumpf eingeladen.

Die „B-377 SG Super Guppy“ wurde von der amerikanischen Raumfahrtbehörde NASA für den Transport von Bauteilen für die Raumfahrt und die Herstellung des Airbus eingesetzt. Um Fracht einzuladen, wurde die Nase der „Super Guppy“ zur Seite geschwenkt.

Das modernste Transportflugzeug der Welt

Für den Transport wird die „A300-600 ST Beluga“ eingesetzt. Diese Luftfrachtmaschine hat den größten Frachtraum. Durch das große Ladetor ist das Flugzeug in nur 45 Minuten be- und entladen. Das Tor ist über 7 Meter breit und kann sich bis zu einer Höhe von 16,8 Metern öffnen. Das Cockpit der „Beluga“ liegt unter dem Frachttor. Die Maschine ist 56 Meter lang und über 17 Meter hoch.

Sportflugzeuge

Sportflugzeuge sind kleine, leichte Flugzeuge mit einem oder mehreren Motoren.

Segelflugzeug

Segelflugzeuge (1) haben keinen Motor. Sie sind sehr leicht und schmal. Ihre Tragflächen haben eine große Spannweite. Sie können erst fliegen, wenn sie auf Höhe gebracht worden sind. Mit einer Motorseilwinde (2) werden sie an einem Seil in die Luft gezogen. Wenn das Segelflugzeug hoch oben ist, klinkt der Pilot das Seil aus. Mithilfe des Windes und der Strömungen der warmen Luft gleitet der Segelflieger.

Ultraleicht-Flugzeuge

Das sind kleinere motorgetriebene Flugzeuge (3 und 4). Die „Cessna 210“ (3) ist ein modernes Ultraleicht-Propellerflugzeug und bietet Platz für 6 Personen.
Zu den Ultraleichtflugzeugen gehören auch Gleitschirme. Der Pilot hängt an Leinen an einem Gleitschirm aus festem Stoff. Er startet zu Fuß von einem steilen Hang aus in die Luft.

Auf dem Sportflugplatz werden Ultraleichtflugzeuge gewartet und repariert.

Hubschrauber und Überschallflugzeuge

Hubschrauber können senkrecht steigen oder sinken, auf der Stelle schweben und vorwärts, rückwärts und seitwärts fliegen.

Wie fliegt ein Hubschrauber?

Die Tragflächen des Hubschraubers sind die schmalen Rotorblätter. Durch ihre Drehung entsteht Auftrieb. Werden die Rotorblätter steiler eingestellt, steigt der Hubschrauber. Stehen sie flacher, sinkt er. Weil Hubschrauber überall landen können, werden sie bei Rettungseinsätzen und für Transporte eingesetzt.

Kipprotor-Flugzeug

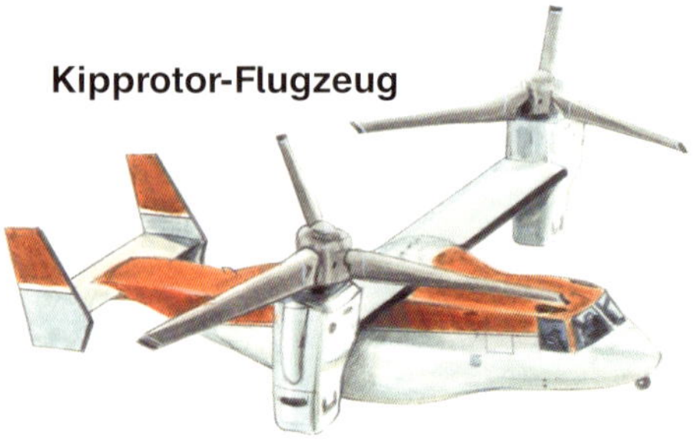

Aufgestellte Rotoren

Gekippte Rotoren

Kipprotor-Flugzeug

Kipprotor-Flugzeuge sind teils Hubschrauber, teils Flugzeuge. An den Tragflächen befinden sich Rotoren. Mit den aufgestellten Rotoren kann das Kipprotor-Flugzeug starten, landen und in der Luft schweben. Die nach vorn gekippten Rotoren funktionieren wie Propeller und treiben das Flugzeug an.

Überschallflugzeuge

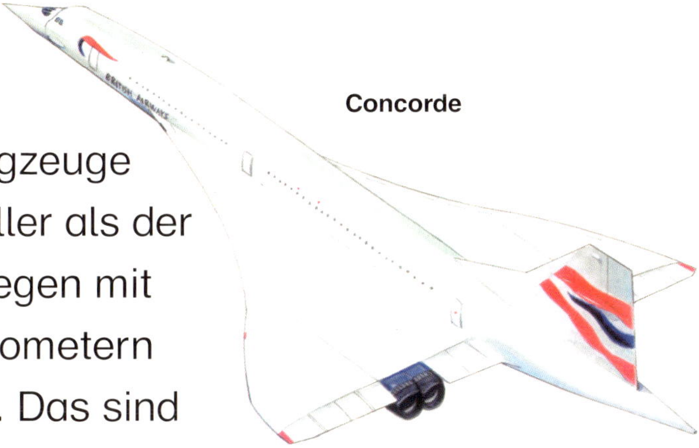

Concorde

Überschallflugzeuge fliegen schneller als der Schall. Sie fliegen mit über 1000 Kilometern in der Stunde. Das sind vor allem Militärflugzeuge. Weltweit wird an neuen Überschallflugzeugen geforscht.
Die „Concorde“ war das einzige Verkehrsflugzeug, das mit Überschall fliegen konnte. Sie überflog den Atlantik in weniger als 3 Stunden und verbrauchte etwa viermal so viel Treibstoff wie ein Düsenjet. 2003 wurde die „Concorde“ eingestellt.

Wasserflugzeuge

Wasserflugzeuge werden mit einem Propeller angetrieben. Sie können auf dem Wasser starten und landen. Unter dem Rumpf eines Wasserflugzeugs befinden sich Schwimmer. Sie sind mit Luft oder Schaumstoff gefüllt und halten das Flugzeug auf der Wasseroberfläche. Amphibien-Wasserflugzeuge haben Schwimmer und ein Landfahrwerk. Sie können zu Lande und zu Wasser starten und landen.

Ein Amphibien-Wasserflugzeug

Martin-Mars-Flugboot

Flugboote

Neben Wasserflugzeugen gibt es auch Flugboote. Ihre Unterseite ist wie ein Bootsrumpf geformt. Damit sie direkt auf dem Wasser starten und landen können, haben sie seitlich kleine Stützschwimmer. Sie werden als Löschflugzeuge eingesetzt, zum Beispiel bei Waldbränden. Sie gleiten über Gewässer und saugen Löschwasser in ihren Rumpf. Dort haben bis zu 30 Tonnen Wasser Platz. Schon nach 30 Sekunden sind die Tanks voll.

Flugzeugträger und Militärflugzeuge

Flugzeugträger sind schwimmende Militär-Flughäfen. Sie sind 340 Meter lang. Über 6000 Menschen können darauf arbeiten. Flugzeugträger transportieren etwa 100 Jagdflugzeuge.

Start und Landung

Die Landebahn eines Flugzeugträgers ist viel kürzer als bei einem Flughafen an Land. Das Vorderrad des startenden Flugzeugs wird in ein

Katapult eingespannt. Der Pilot beschleunigt voll. Sobald das Flugzeug seine Startgeschwindigkeit erreicht hat, löst sich die Vorrichtung und das Flugzeug schnellt in die Luft. Vor dem Landen fliegen die Flugzeuge weite Kreise, um an Höhe und Geschwindigkeit zu verlieren. Beim Landen hängen sich die Flugzeuge mit Fanghaken an Fangseilen ein, die auf dem Deck des Schiffes gespannt sind. Innerhalb von 50 Metern kommen sie zum Stillstand.

Die Piloten fliegen vor der Landung Kreise über dem Flugzeugträger. Erst wenn alle wartenden Flugzeuge gestartet sind, dürfen sie landen.

Militärflugzeuge

Die „F-117A Nighthawk" ist ein Kampfjet. Die vielen Flächen und die mattschwarze Beschichtung machen das Flugzeug beinahe unsichtbar für den Gegner. Es kann in der Luft betankt werden. Dabei erhält es während des Fluges über ein Rohr Treibstoff von einem Tankflugzeug. Bei Gefahr kann der Pilot sich mit einem Schleudersitz aus dem Flugzeug katapultieren.

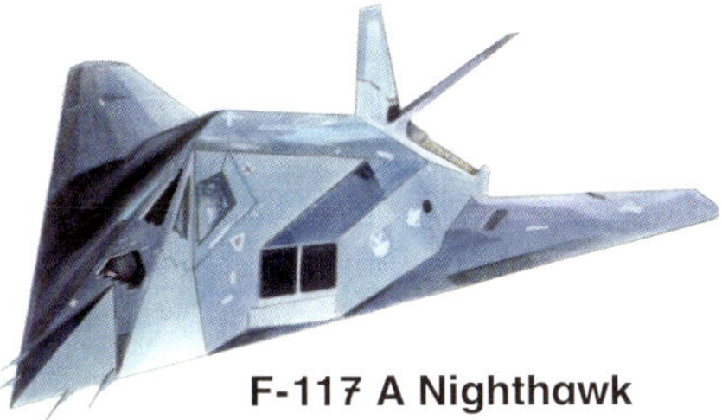

F-117 A Nighthawk

Die „Flyer“ der Brüder Wright von 1903 hatte einen Holzrahmen. Er war mit Stoff überzogen. Der Pilot lag auf dem unteren Flügel neben dem Motor. Das Flugzeug blieb nur 98 Sekunden in der Luft.

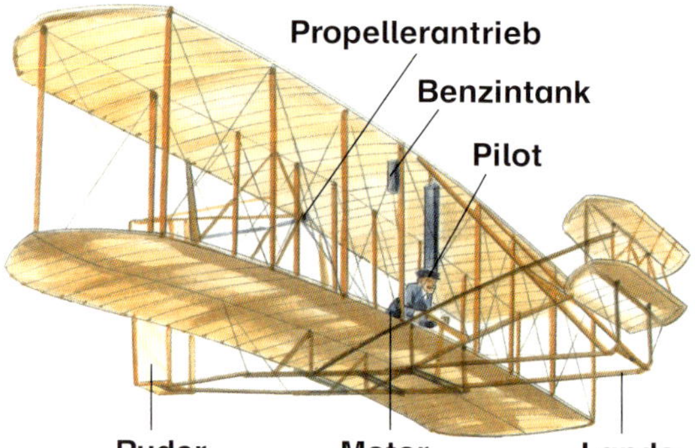

Berühmte Flüge

Als Helden der Luftfahrt gelten Gustav Weißkopf und die Brüder Orville und Wilbur Wright. Ihnen gelang 1903 der erste Flug mit einem motorisierten Flugzeug.
In den folgenden Jahren wurden aus den ersten Fluggeräten zuverlässige Maschinen entwickelt. Die Geschichte der Luftfahrt begann.

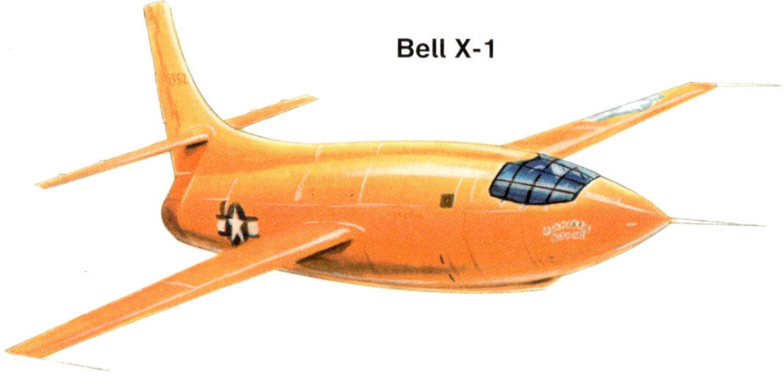

1947 gelang es dem Piloten Chuck Yeager die Schallmauer zu durchbrechen. Er flog mit 1126 Kilometern pro Stunde. Eigens dafür wurde die „Bell X-1“ entworfen. Ihre Tragflächen waren nur kurz und dünn, um den Luftwiderstand zu verringern.

Luftfahrt-Geschichte

- 1909: Louis Blériot überfliegt als Erster den Ärmelkanal zwischen Frankreich und England.
- 1927: Charles Lindbergh überquert im Alleinflug den Atlantik.
- 1928: Charles Kingsford Smith und Charles Ulm überqueren als Erste den Pazifik.
- 1932: Amelia Earhart überfliegt als erste Frau allein den Atlantik.
- 1934: Wiley Post gelingt die erste Erdumrundung. Außerdem stellt er einen Höhenrekord auf.
- 1947: Chuck Yeager fliegt als erster Mensch schneller als der Schall.
- 1961: Jurij Gargarin fliegt als erster Mensch ins All und umkreist die Erde.
- 1976: Der Überschall-Jet „Concorde“ wird eingesetzt.
- 1986: Dick Rutan und Jeana Yeager umrunden in ihrem Flugzeug „Voyager“ die Erde ohne aufzutanken in 9 Tagen.
- 2005: Der „Airbus A 380“ ist das größte Passagierflugzeug der Welt.

1927 überflog der Pilot Charles Lindbergh als Erster den Atlantik. Mit der „Spirit of St. Louis“ brauchte er für die 5796 km lange Strecke 33 Stunden und 30 Minuten. Das Cockpit der „Spirit of St. Louis“ lag hinter einem riesigen Treibstofftank.

Leserätsel

Weißt du noch alles über Flugzeuge? Wenn du die richtigen Antwortbuchstaben in die Kästchen auf Seite 31 eingesetzt hast, bekommst du ein Lösungswort.

1. Was ist der Tower?

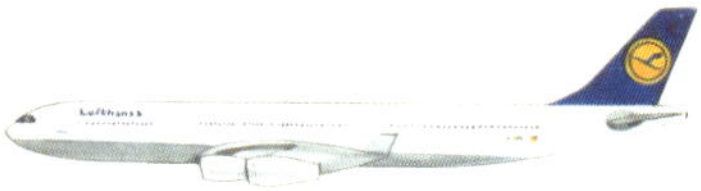

O Eine Burg in London
H Der Kontrollturm auf einem Flughafen
F Ein Kirchturm in der Nähe eines Flughafens

2. Welche Aufgabe hat ein Fluglotse?

Ü Er schleppt das Flugzeug mit dem Schleppfahrzeug auf die Startbahn.
Ä Er lotst Passagiere zu ihren Flugzeugen.
Ö Er kontrolliert den Luftraum und erteilt Start- und Landeerlaubnis.

3. Wie kommen die Fluggäste in ein Flugzeug?

H Über die Fluggastbrücke
T Über eine Leiter
I Mit dem Aufzug

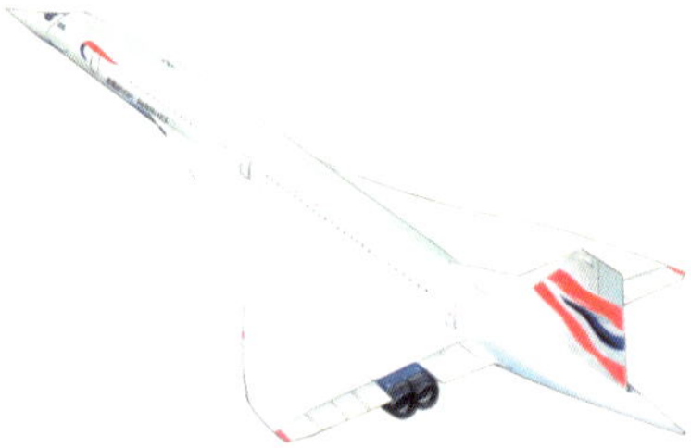

4. Welches ist das bislang größte Passagierflugzeug?

R Saab 2000
E Boeing 747-400
N Boeing 737

5. Wie sind die Tragflächen eines Flugzeugs geformt?

T Sie sind nach oben gewölbt und unten flach.
R Sie sind nach unten gewölbt und oben flach.
N Sie sind ganz gerade.

6. Wie heißt das modernste Transportflugzeug?

W B-377 SG Supper Guppy
T 400 Floppy MC-Disc
R A 300-600 ST Beluga

7. Was ist eine Bordkarte?

B Speisekarte im Flugzeug
U Platzkarte für das Flugzeug
M Eintrittskarte für ein Luftschiff

8. Wer überflog als erster Mensch den Atlantik?

D Charles Lindbergh
T Michael Schumacher
S Albert Einstein

9. Was ist ein Doppeldecker?

A Ein doppelter Cheeseburger
E Ein Flugzeug mit zwei Tragflächen
I Ein Bus mit einem Stockwerk

10. Wofür werden Flugboote eingesetzt?

R Bei Waldbränden
S Bei Flugtagen
Z Als Passagierflugzeuge

Lösungswort:

		H				U			

Schicke uns eine Karte mit dem richtigen Lösungswort oder eine E-Mail.
Wir verlosen jeden Monat 10 Buchpakete unter den Einsendern!
Die Adresse findest du auf Seite 32.

Register

Adresse
Ravensburger Buchverlag
Die Welt entdecken
Postfach 20 07
88192 Ravensburg

Per E-Mail:
leseraetsel@welt-entdecken.de

Besucht unsere Website:
www.welt-entdecken.de

Bibliografische Information
der Deutschen Bibliothek

Die Deutsche Bibliothek verzeichnet diese Publikation in der Deutschen Nationalbibliografie; detaillierte bibliografische Angaben sind im Internet über **http://dnb.ddb.de** abrufbar.

3 2 1 07 06 05

Text: Patricia Mennen
Illustrationen: Filippo Pietrobon
Redaktion: Sabine Zürn
Printed in Germany
ISBN 3-473-35982-3

www.ravensburger.de